EDICT DV ROY,

PORTANT CREATION

d'vn Office de Conseiller du Roy, Treſorier de France general de ſes Finances, & Garde-ſeel en chacun Bureau de ſes Finances.

Verifié en la Chambre des Comptes le 22. Iuin mil ſix cens trente-trois.

A PARIS,

Par P. METTAYER, A. ESTIENE, & C. PREVOST, Imprimeurs ordinaires du Roy.

M. DCXXXIII.

Auec Priuilege de ſa Majeſté.

LOVIS par la grace de Dieu Roy de Frãce & de Nauarre : A tous presens & à venir, Salut. Cóme les Iurisdictions qui s'exercét és Cours & Sieges de nostre Royaume, pays, terres & seigneuries de nostre obeissance, despendent & prennent leur force entiere de nostre authorité; Aussi les Sentences, Commissions, Mãdemens, & actes importans qui s'y expedient & deliurent, doiuent pour la validité d'iceux estre seellees de nostre seel; Ce que nos Ordonnances ont plusieurs fois enioint à peine de nullité, mesmes le feu Roy Henry II. par son Edict du mois de Decembre 1557. registré où besoin a esté, auroit creé & estably en chacun des Sieges Presidiaux de ce Royaume vn Garde-seel, auquel il auroit at-

tribué la qualité de Conseiller & Garde
du seel en chacun desdits Sieges Presidiaux, auec telles authoritez, prerogatiues, pouuoirs, assistances, rapports de
procés, droicts & preeminences qu'ont
nos autres Conseillers desdits Sieges. Par
autre Edict du Roy Charles IX. du mois
de Iuin mil cinq cens soixante-huict,
& Lettres de Declaration du huicties-
me Feurier mil cinq cens soixante vnze,
aussi registrées où besoin a esté, fut creé
& estably en tiltre d'office formé des
Gardes de nostre seel, en toutes nos
Cours, Ressorts & Iurisdictions ordinaires & extraordinaires, fors & excepté és
Chancelleries establies en nos Cours de
Parlemens & Sieges Presidiaux, aux
pouuoirs, fonctions & esmolumens por-
tez par lesdits Edicts; Laquelle creation
de Gardes-seels estant generale en toutes nos Cours & Sieges, à l'exception
des Chambres des Comptes & Cours
des Aydes reseruées par les verifications

defdits Edicts & Declaration, il eft aſſez manifeſte qu'elle s'eſtend & doit auoir lieu aux Sieges des Bureaux de nos Finances eſtablis en chacune des Generalitez de noſtredit Royàume, & qu'il y ait à preſent d'autant moins de ſujet d'en douter que la Iuriſdiction d'Economique que nos Treſoriers Generaux de France auſdits Bureaux auoient pour la direction de nos Finances a eſté augmétée par l'attribution que nous leur auons depuis peu faite de la Iuriſdiction contétieuſe au faict de noſtre Domaine: Toutesfois pour ne laiſſer aucune ambiguité pour ce regard, & leuer la difficulté qui y pourroit naiſtre, attendu que iuſques à preſent il n'y a eſté pourueu, & donner par le moyen dudit ſeel la force & authorité, tant aux attaches, mandemens, ordonnances, que tous autres actes qui ſerôt émanés des Bureaux deſdits Treſoriers de France ; N o v s, de l'aduis de noſtre Conſeil, où eſtoient au-

euns Princes de noſtre ſang , grands no-
tables perſonnages, & gens de noſtredit
Conſeil , & de noſtre certaine ſcience,
pleine puiſſance , & authorité Royale,
Auons en conſequence dudit Edict du
mois de Decembre 1557. & interpretãt
& amplifiant leſdits Edict & Declaration du mois de Nouembre 1568. &
huictieſme Feurier 1561. dit & declaré,
diſons & declarons , qu'en la creation
generale faite deſdits Offices de Garde-ſeels en toutes nos Cours & Sieges , tant ordinaires , qu'extraordinaires
celle deſdits Offices en chacun des Bureaux de nos Finances eſt cõpriſe. Voulons & ordonnons que toutes Ordonnances , Mandemens , & autres actes
portans execution , qui s'expedieront
dãs les Bureaux au faict de la Iuriſdictiõ
contentieuſe de noſtre Domaine , enſé-
ble toutes Lettres d'attaches, Baux à fermes , Cõmiſſions pour les departemens
de nos Tailles, & autres expeditions cõ-

cernantes la direction de nos Finances,
seront à l'aduenir seellées de nostre seel,
qui pour cét effect sera estably ausdits
Bureaux, conformément ausdits Edicts
& Lettres de Declaratiõ, & iusques à ce
que nostredit seel ait esté apposé qu'elles
soient de nul effect, tant en iugement
que hors iceluy, & ne puissent estre mi-
ses à execution. Ce que nous deffendons
tres-expressement aux Huissiers desdits
Bureaux & aux Officiers, tant des Esle-
ctiõs, Greniers à sel, que autres, d'en per-
mettre ladite executiõ, & de faire aucunes leuees ny impositions en vertu d'attaches deliurées sur la cõmission de nos
Tailles, Lettres d'assiettes, & autres expeditions non seellées, & aux parties de
s'en seruir, à peine de nullité & de trois
mil liures d'améde, appliquable la moitié à nous, & l'autre moitié à celuy qui
aura la garde desdits seels ; au payement
de laquellle amende seront les contre-
uenans contraints par les voyes or-

dinaires & accouſtumées pour nos
propres deniers & affaires , nonobſtant oppoſitions ou appellations quel-
cóques,en vertu des eſcrouës & cótrain-
tes ſignées deſdits Gardes-ſeels. Faiſons
en outre tres expreſſes inhibitiós & def-
féces aux Greffiers deſdits Bureaux, leurs
Cómis, & à chacun d'eux ſur les meſmes
peines & améde que deſſus, & de reſpó-
dre en leurs nós de l'eſmolument dudit
ſeel,de deliurer aucunes deſdites expeditions,ny les contre-ſigner , que prealla-
blement elles n'ayét eſté ſeellées de noſtredit ſeel; Et pour cés effect nous ordó-
nons qu'il ſera eſtably en chacun deſdits
Bureaux vn Garde de noſtre ſeel , à l'in-
ſtart de ceux de nos Cours de Parlemés
& des Aydes , qui aura pardeuers ſoy le-
dit ſeel & contre-ſeel de nos armes , de
grandeur conuenable,pour ſeeller d'iceluy ſur cire iaune en queuë pendáte toutes leſdites expeditions:auquel les Greffiers deſdits Bureaux ſeront tenus de có-

muniquer tous leurs Registres, pour par
eux extraire tous les engagemens de nostre Domaine, faits tãt par nous que nos
predecesseurs Roys, afin qu'ils tiennent
d'oresnauant registre de toutes les quittances de Finance de nostredit Domaine engagé, creatiõ d'Offices, & attribution de droicts hereditaires. Et d'autant
que les mesmes raisons qui ont meu les
Roys nos predecesseurs d'attribuer la
qualité de Conseiller en nosdites Cours
souueraines à ceux qu'ils ont honoré de
la garde de leurs seaux, nous obligent à
faire le sẽblable en ceste occasion; Nous
auons de nos mesmes puissãce & authorité cy-dessus, creé & erigé, creons & eri-
geõs en tiltre d'Office formé, vn nostre
Conseiller Tresorier de France General
de nos Fnances & Garde-seel en chacũ
Bureau de nosdites Finances, auec rang
& seance selon l'ordre de sa reception,
voix & opiniõ deliberatiue, mesmes celuy de la Generalité de Montpellier à
l'in-

l'inſtar des autres Intendans des Gabelles
de Láguedoc ; Leſquels Treſoriers de Frãce & Garde-ſeels preſentement creez ferõt
cheuauchées par ordre de département, qui
ſera changé toutes les années cõme les autres Treſoriers auſdits Bureaux ; & iouyrõt
des honneurs, priuileges, franchiſes, droicts,
exéptions & prerogatiues dont iouyſſent,
peuuent & doiuent iouïr les autres Treſoriers deſdits Bureaux ; Et outre nous auõs attribué à leur ſeul profit tous les droits & eſ-
molumés dudit ſeel ; Et en amplifiant pour
ce regard leſdits Edict & Declaratiõ, attẽ-
du que les affaires qui ordinairement en l'vn-
ne & en l'autre Iuriſdictiõ ſuſdites ſont im-
portantes, leur attribuons par ces preſentes
les droicts cy-apres declarez ; A ſçauoir,
Pour le ſeel de chacune Cõmiſſion ou Or-
donnance interlocutoire qui s'expediera au
faict de la Iuriſdiction contentieuſe de noſtredit Domaine, cinq ſols.

Pour chacũ ſeel ordõnance diffinitiue au
faict ſuſdit, ou executoire de deſpẽs dix ſols.

Pour le seel qui sera apposé à chacune attache dónées sur lettres de prouisió, 4.liures.

Pour le seel de chacune attache qui s'expediera sur Lettres de prouision de Chap-
pelles , Sergens de Forests , Mortes-payes,
Gardes-bois, Archers, transports & baux de
maisons, estaux, bancs , boutiques , eschop-
pes, & places dépendátes de nostre Domaine, registrement des mandemens de nostre
Espargne , quittances de l'ordinaire de nos
guerres , & autres , 40. sols. Et à cét effect
Nous ordonnons que d'oresnauant nosdits
Tresoriers de France mettront la presenta-
tion des mandemens & quittances par vn
acte separé, qui sera seellé.

Pour le seel des attaches qui seront expe-
diées par les Greffiers des Bureaux sur les
contracts & quittances d'engagement du
Domaine, parts & portiós d'iceluy, droicts
domaniaux ou hereditaires, attributions ou
augmentations de gages & droicts, Lettres
de don, de pension , lots & ventes, bienfaits
ou recópenses, aubeynes, cófiscations, des-

heráces, & autres de semblables nature des baux Generaux des Gabelles, Aydes, cinq grosses fermes , & autres qui s'adiugent au Conseil: Lettres de côfirmation d'auis, d'affranchissement d'octrois , exemptions, remises & descharges des Tailles & prix des fermes, Lettres de commissió, admortissemens, receptions de foy & hómage, baux à ferme qui seront faits par lesdits Tresoriers desdits Bureaux pour raison dudit Domaine, octroys, barrages & autres , & de tous enregistremens non specifiez en ces presentes , auront le dixiesme des droicts desdits Tresoriers Generaux desdits Bureaux.

Pour le seel de l'enregistrement des baux au rabais des reparatiós necessaires aux maisons & bastimés Royaux, fours & moulins à ban, & autres dépendances de nostre Domaine, ouurages publics, póts, pauez, chaussées, & autres reparations dót les baux mônteront à cinq cens liures & au dessous, quatre liures. Et de ceux au dessus à proportion iusques à la somme de trois mil liures. Des mandemens & ordonnances de payemens aux ouuriers de la somme de trois cens liures & au dessous quarante sols ; & au dessus desdites trois cens liures à proportió iusques à ladite somme de trois mil liures , & au dessus à quelques sommes qu'elles puissent monter.

Pour le seel & enregistrement par extraict des estats des comptables,prendront desdits comptables vingt sols pour mil liures , & à proportion iusques à cent mil liures, dót sera tenu cópte ausdits comptables ; au dessus desquels cent mil liures ne pourrót prendre aucune chose : Comme aussi ne prendront aucuns droicts pour le seel qu'ils apposerót aux attaches deliurées sur les commissions de nos Tailles, Taillon,Creuës y iointes, & grande Creuë de la gendarmerie,à cause de vingt sols pour mil liures à eux attribuez par ces presentes.

Pour le seel des attaches deliurees sur lettres d'assiettes de trois cens liures & au dessous,prendrót quarante sols ; Et de celles au

deſſus deſdits trois cens liures, aurõt le neúf-
iéme des eſpices deſdits Preſidens & Treſoriers de France.

Pour le ſeel des ordonnances qui ſeront
deliurees ſur requeſte vingt ſols.

Faiſons tres expreſſes deffences auſdits
Cõſeillers Treſoriers Garde-ſeels, leurs Cõ-
mis, & à chacun d'eux, de prendre ny exiger
plus grãds droicts que ceux cy deſſus, à peine de concuſſion. Et pour leur oſter tout ſujet d'y contreuenir, ayant eſgard à la modi-
cité deſdits droicts, aſſiduité qu'ils ſõt tenus
de rendre, & pour leur donner moyen d'y
vaquer dignement, Nous leur auõs attribué
& attribuons tels & ſemblables gages &
droicts de preſéce, de buches, eſpices, & autres droicts dont à preſent iouyſſent noſdits
Treſoriers de France, à prendre, ſçauoir leſdits gages, droicts de buche & de preſence,
ſur les deniers de nos receptes generales. Et
pour en faire le fonds ſans nouuelle impoſi-
tion ſur nos ſubiets ny ſurcharge à nos finã-
ces; Nous auons reuoqué & reuoquons la

B iij

leuée des deux deniers du parisis attribuez
aux proprietaires du droict des droicts des
Gardes des petits Seaux, Maistres Clercs, &
doublement d'iceux, des Eslections ressor-
tissantes és Cours des Aydes de Paris, Roüé
& Clermont Ferrant, & ordonné que les
proprietaires desdits droicts des droicts en
seront remboursez des deniers qui prouien-
drót de la finance desdits offices de nos Có-
seillers Tresoriers generaux de France &
Garde-seels. Au lieu duquel parisis sera leué
annuellement sur lesdites Eslections soixā-
te dix mil sept cens liures pour les gages desdits offices annuellement créez, à comman-
cer du premier Iāuier de l'année prochaine
1634. auquel temps la leuée dudit droict des
droicts demeurera supprimée. SI donnós
en mádement à nostre tres-cher & feal Che-
ualier & Garde des Seaux de France le sieur
Seguier, de faire lire & publier, le Seau te-
nāt, nostre present Edict, & iceluy registrer
és registres de l'Audience de nostre grande
Chancellerie, Et à nos amez & feaux Con-

seillers les gens de nos Comptes à Paris, de le faire auſſi regiſtrer purement & ſimplement pour eſtre executé nonobſtãt oppoſitions ou appellations quelconques pour leſquelles ne voulons eſtre differé, & dont ſi aucunes interuiennent, nous en auons retenu & reſerué la cognoiſſance en noſtredit Conſeil, icelle interdiſons & deffendons à toutes nos Cours & autres Iuges; Nonobſtant auſſi tous Edicts, Ordonnances, mandemens, deffenſes, & choſes à ce contraire, auſquelles & à la dérogatoire des dérogatoires y contenues nous auõs dérogé & dérogeons par ceſdites preſentes. Et afin que ce ſoit choſe ferme & ſtable à touſiours, Nous y auons fait mettre noſtre ſeel, ſauf en autre choſe noſtre droict & l'autruy en toutes: CAR tel eſt noſtre plaiſir. Donné à Fontainebleau au mois de May l'an de grace mil ſix cens trente-trois. Et de noſtre regne le vingt-quatriéme. Signé, LOVIS. Et plus bas, Par le Roy, DELOMENIE. Et ſeellé en cire verte ſur lacs de ſoye rouge & verte.

Leu, publié, & registré en la Chambre des Comptes, oüy le Procureur general du Roy, par le commandement de sa Majesté, porté par Monsieur le Comte de Soissons, Grand Maistre de France, son Gouuerneur et Lieutenant general en Dauphiné, venu ex-prés en ladite Chambre, assisté du Sieur Duc de Chaulne, & des Sieurs de Leon & Ta-lon, Conseillers de sadite Maiesté en ses Con-seils d'Estat & Priué, le vingt-deuxiesme Iuin mil six cens trente-trois.

Signé, B O V R L O N.

Collationné aux Originaux, par moy Cousciller Secretaire du Roy, & de ses Finances,